POESÍA Y FÁBULA REAL

ExLibric

MARIA SELENA CRETU

POESÍA Y FÁBULA REAL

EXLIBRIC

ANTEQUERA 2024

POESÍA Y FÁBULA REAL
© Maria Selena Cretu
Diseño de portada: Dpto. de Diseño Gráfico Exlibric

Iª edición

© ExLibric, 2024.

Editado por: ExLibric
c/ Cueva de Viera, 2, Local 3
Centro Negocios CADI
29200 Antequera (Málaga)
Teléfono: 952 70 60 04
Fax: 952 84 55 03
Correo electrónico: exlibric@exlibric.com
Internet: www.exlibric.com

ISBN: 978-84-10076-56-3
Depósito Legal: MA 1538-2024

Impresión: PODiPrint
Impreso en Andalucía – España

Nota de la editorial: ExLibric pertenece a Innovación y Cualificación S. L.

MARIA SELENA CRETU

POESÍA Y FÁBULA REAL

«A veces, lo mejor que puedes hacer es desaparecer para renacer y convertirte en tu mejor versión».

Seleneitor

Índice

Inexistentes

Todos hablan del amor y del dolor como si fueran cosas totalmente opuestas. Pero ¿qué pasa cuando te das cuenta de que van de la mano como si fueran unos perfectos siameses? ¿Qué pasa cuando te das cuenta de que estabas enamorada de una versión ya inexistente de tu ser amado?

—¿Es acaso eso posible? —preguntó entre sollozos, lágrimas y dolor el corazón.

—Siempre lo fue y siempre lo supiste —respondió el cerebro, dejando un suspiro.

El pensamiento del ser humano es que se piensa con el cerebro y se siente con el corazón. Pero ¿qué pasa cuando sientes con el cerebro y piensas con el corazón? ¿Acaso debemos olvidar todo y enterrarlo como si no hubiera un mañana? ¿Acaso debo olvidar su brillo en los ojos? ¿Su mirada, que me transmitía amor y seguridad?

Sigo teniéndolo, es cierto, pero yo echo de menos la versión ya inexistente. ·

¿Acaso volverá?

O solo lo volveré a ver en los dulces sueños de noche, para que la llama que tengo dentro de mí nunca se apague.

Al fin y al cabo, el primer amor nunca se olvida.

O eso dicen…

Nunca lo notaste

Ojalá volver a ver tu sonrisa.
Volver a sentir tu olor
y tu presencia.

Ojalá, ojalá, ojalá…
Es lo que muchas personas piden y ruegan.
Pero siempre cuando se dan cuenta de que piden cosas
imposibles.

Abre los ojos, ya la perdiste.
De nada sirve orar ahora, si cuando la tuviste a tu lado,
no la valoraste.

¿QUÉ PASA? ¿AHORA TE DUELE?
Tal vez, ahora estés sintiendo un cuarto del dolor que
ella sintió,
pero nunca lo notaste.

¿VIVIR O MORIR?

El dicho de que «el tiempo lo cura todo» es una falacia para que los niños dejen de sufrir. El tiempo no arregla nada, solo te enseña a vivir con esas heridas.

Y, a veces, las heridas que piensas que ya están cerradas y curadas son las que más rápido se abren. No importa en qué momento ni en qué época; se abren y duelen como si nunca hubieran desaparecido. Como si el paso del tiempo solo fuera eso, el paso del tiempo, pero nada más.

Por desgracia, siempre van a estar ahí. Nunca se irán. Te van a seguir vayas donde vayas, ya que, por cosas como estas, tú mismo eres tu mismo enemigo en los peores momentos.

Pero aquí es donde tú decides: vivir y convertirte en la versión más temible, o morir y darles la razón a tus enemigos.

MONSTRUOS

Han vuelto.

Han vuelto esos sentimientos.

Los que me ahogan, los que no me dejan respirar.

Miro a mi alrededor y nada es igual. Sí, es cierto, comparto el mismo espacio, pero no el mismo tiempo.

—Socorro —grita mi corazón.

—Admítelo ya, de esta no escaparás —replica mi cerebro.

Mi alma se sacude e intenta escapar, pero de nada sirve. Estamos atados a este mundo y no podemos escapar. Mi respiración es cada vez más pesada y mis lágrimas amenazan con salir. Mi cuerpo me traiciona, y no para de temblar. Y mi mirada baja lentamente a mis muñecas, que con mucho ardor y dolor intentan sujetar la nueva daga incrustada en mi corazón.

«Tal vez así se crean los primeros monstruos», piensa el corazón.

Y menuda razón.

¿ME AMARÍAS?

¿Me amarías si supieras la razón de mis verdaderas heridas?

¿O si supieras mi mayor deseo?

¿Me seguirías mirando con los mismos ojos si supieras por qué me gusta tanto la luz de la luna?

¿O por qué soy tan callada?

¿Me seguirías hablando si te contara lo que siento cada vez que te veo?

¿O cada vez que nuestros labios se rozan?

¿Volverías a mirarme con los mismos ojos si supieras mi verdadero pasado?

¿O si tan solo te contara mis sueños de noche?

DINAMITA

—Me duele la boca para hablar —responde la niña por teléfono, al ver que todo el mundo está llorando.

—No tengo ningún hobby —responde el niño al ver que todo el mundo lo ignora.

—No me importa nadie ni nada —responde la adolescente que tiene padres ausentes.

Pero, aun así, somos nosotros los culpables. Los culpables de no ser responsables. Los culpables de no cumplir los estándares de la sociedad. Pero las múltiples veces que a nosotros nos han decepcionado o, incluso, herido esas ya no cuentan. Ya no importan las veces que lloramos en silencio en nuestras habitaciones abrazando la almohada, o las veces que teníamos miedo de estar en nuestras propias casas.

No. Nunca se habla de ello. Y parece ser que a los adultos no les importa tampoco.

Quizá hubiera sido mejor

Y ahí estaba yo.

De rodillas mientras miraba una bella mariposa volar.

Su fluidez y agilidad eran impresionantes.

Parecía tan libre y feliz…

Me quede admirándola minutos, horas, días, semanas, incluso meses.

Era algo tan mágico. Su forma de volar y cómo se alimentaba de las flores, los colores de sus alas...

Y durante un tiempo seguí mirándola, deseando ser alguna vez como ella.

Pero de lo que no me di cuenta,

es de que me he pasado toda la vida intentando ser algo que no soy.

Y cuando me di cuenta de ello, mi tiempo ya terminó.

Ahora me miro, y lo único que veo es mi cuerpo frío y tieso en un ataúd. Mi alma ya dejó mi cuerpo atrás y yo lo contemplo con pena y dolor.

Quizá hubiera sido mejor que esa mariposa.

Pero solo me limité a mirarla y a soñar.

Y jamás lo intenté de verdad.

¿ACASO ES MENTAL?

El odio es tan fuerte que nubla el juicio y te consume por dentro.

El amor es tan estúpido que tú mismo te tapas los ojos con una venda y dejas de ser quien una vez fuiste.

Y el miedo es tan grande que te aferras al mismísimo demonio con tal de estar «a salvo».

Pero lo que nadie ve es que todo va ligado de la misma forma, que las abejas dependen del polen de las flores para hacer su miel.

El odio es la carencia de amor.

Y el amor es la absencia de verdad y el exceso de miedo.

Porque ¿de qué sirve tenerte delante y no besarte y demostrarte mi amor?

¿Y cuando estamos lejos llorarte por la falta de atención?

Tal vez sea verdad, y los seres humanos seamos los destructores de lo único puro y real.

Pero… ¿quién puede afirmar que esto sea verdad? ¿O acaso es tan solo mental?

El mundo de los sentimientos es tan abstracto e irreal…

¿Quién podría decir que, en realidad, esto es la vida real?

Y PENSAR QUE...

Y pensar que volveré a pasar por lo mismo una y otra vez.

Volveré a llorar hasta sentir que mi corazón se rompe.

Volveré a desear ese último abrazo, o volver a esos buenos tiempos.

Esos buenos tiempos donde era pequeña y parece que la enfermedad y la muerte ni existían.

Donde el futuro parecía tan lejano y lo único en que pensabas era en qué cuento te iban a leer por la noche.

Donde todos parecían tan felices, aunque, en realidad, no lo fueran.

Era todo tan simple en ese entonces, tan bello, tan mágico, tan maravilloso...

Lo que no sabíamos en esos tiempos es que cada segundo y cada día que pasaba nuestros mayores ídolos y ejemplos a seguir estaban cada vez más cerca de la inevitable muerte.

Al igual que nosotros en este mismo instante.

Ya que la vida es una bella mentira, y la muerte es la horrible verdad.

Y ante ella nadie puede escapar.

UNA INFECCIÓN

«Qué bonito es el amor», dicen algunos.

«Qué felicidad».

«Qué mariposas en el estómago».

Pero cuando el amor se acaba, es cuando llegan la locura, los celos, la tristeza, la depresión y las muy malas decisiones que uno toma para volver a ser feliz.

O, al menos, sentir ese sentimiento.

Las personas haríamos cualquier cosa por olvidar a esa persona que en su momento fue todo para nuestro corazón y nuestra alma.

A veces, la estupidez humana nos hace pensar que los humanos no podemos vivir solos. Y puede que tenga razón, pero tampoco somos capaces de vivir acompañados, ya que los humanos somos los seres más despreciables y horribles del planeta. Somos los causantes de numerosos asesinatos, masacres, violaciones, atracos… Pero, aun así, pensamos que somos «superiores» a los demás sólo por el hecho de ser nosotros.

En realidad, lo único que somos los seres humanos es una infección que se extiende demasiado rápido por este maravilloso planeta al que nosotros denominamos Tierra.

Mi aspecto

Recuerdo tu cara vagamente,
pero no recuerdo tu perfume.

Recuerdo tus acciones,
pero no tu voz.

Recuerdo tus errores,
pero no tu afecto.

Aun así, cuando me miro al espejo, te veo a ti
y no reconozco mi aspecto.

El miedo

El miedo a veces es nuestro peor obstáculo.

El miedo te frena, te paraliza e incluso hace que tomes decisiones erróneas.

Decisiones que sabes que jamás tomarías en realidad.

Es como si te susurrara al oído todas las posibilidades o incluso alternativas donde podrías fracasar.

Y, si lo pensáis, tiene todo el sentido del mundo, ya que nuestro cerebro sabe todas nuestras debilidades y miedos, y se alimenta de ellos, al igual que lo hacen los leones con sus presas:

De forma violenta.

LOS SUEÑOS

Los sueños son tan fuertes, que a veces lo único que deseas es seguir soñando.

Quieres estar en tu mundo y vivir las historias que tú mismo te creas en tu cabeza.

Quieres ser feliz y, por eso, idealizas las cosas, las situaciones e, incluso, las personas.

Pero hay una cosa que nadie te cuenta de la felicidad: si quieres ser feliz, tienes que renunciar a algo.

En este caso, cuando sueñas, dejas de vivir lo que pasa realmente en tu vida y, lamentablemente, hay veces que por un miserable instante lo añoras.

Y, como bien dijo Albus Dumbledore, «no es bueno concentrarse en los sueños y olvidar vivir».

LAS RISAS DE LA INFANCIA

Los recuerdos de la infancia son los más puros y reales.

Las risas de aquellas épocas son las más leales.

Son risas que, al escucharlas, te transmiten felicidad y paz.

Son las mismas que añoras en tiempos de frialdad.

Etapa transitoria

Todos hablan de la niñez y de la adolescencia como si fueran mundos totalmente opuestos.

Cuando la única diferencia es que de pequeños sí contábamos todo y mostrábamos nuestros sentimientos, y ahora, al ser adolescentes, sufrimos en silencio sin dar explicaciones.

Porque ahora el dolor es tan fuerte, que tenemos miedo de rompernos al contar la verdad. O tan solo de las reacciones de los demás.

CUENTOS DE HADAS

Amor, familia, felicidad…

Parecen las palabras más puras y hermosas de todas.

Pero, a la vez, son las más hipócritas y falsas.

Todo el mundo se arrastra para obtener el amor.

O lo piden a gritos, sin importar cómo de bajo caigan.

A la familia, sin embargo, se le debe respeto y admiración,
pero son los primeros en destruirte y manipularte.

¿Felicidad? ¿Acaso eso existe?

Nah, lo dudo mucho.

La felicidad es como un cuento de hadas:

demasiado hermoso para ser verdad.

Mi primer amor

Siento tu perfume,

tu aroma,

tus caricias.

Siento cómo mi piel se erizaba cuando tus manos me acariciaban.

Recuerdo el brillo de tus ojos al mirarme,

tu voz ronca de las mañanas.

Aún recuerdo lo que me hacías sentir cada vez que me hablabas.

La forma en la que mi corazón se aceleraba sólo con oír tu nombre.

Las llamadas de las doce de la noche y las conversaciones que jamás deben salir a la luz.

Ahora abro los ojos y sólo me quedan los recuerdos,

y los sueños que una vez tuvimos juntos.

Pero ya no tengo a nadie que me hagas sentir así.

Puede que así sea mejor para los dos,

pero tú siempre serás mi primer amor.

Mil dudas en mi cabeza

Deseo tanto abrazarte, saber cómo eres, tus gustos, tu forma de ser, tus sueños, tus miedos…

Pero no puedo, no puedo saber nada de eso, porque, aunque pasé contigo siete meses, eres como una sombra que nunca existió.

¿Es raro odiarte tanto y, a la vez, amarte?

¿Es raro intentar acordarme de tu cara?

Pero no puedo, no puedo acordarme de la sombra de mi pasado.

Como toda niña, esperaba que llegaras, pero nunca llegaste.

Ahora ya no te espero,

pero sigo con mil dudas en mi cabeza.

¿Soy como deseaste que fuera?

¿Alguna vez pensaste en un futuro conmigo?

MIL VOCES EN MI CABEZA

Resuenan en mi cabeza mil voces de todos los tipos.

Unas me dicen que me calle, otras que hable.

El corazón me pide que me relaje y el cerebro que no me quite mi vendaje.

Mi cuerpo tiembla, mis manos sudan, mi lengua se traba…

Empiezo a ver blanco delante de mis ojos.

¿Acaso me estoy muriendo?

Nah, lo dudo, pocos son los afortunados.

Aquí estoy, intentando contener las lágrimas.

Pero si me quejo, soy yo la víctima.

Menuda ignorancia.

Cómo se nota que no vive con sus demonios noche tras noche.

¿QUÉ PROBLEMAS VAMOS A TENER NOSOTROS LOS ADOLESCENTES?

A veces, el fuego se combate con fuego.

Pero ¿qué pasa si ese fuego es el mismo que te consume a ti?

Bueno, estos serían los casos en los que cada uno de nosotros nos consumimos por nosotros mismos:

— Ansiedad

— Depresión

— Autolesiones

Entre muchísimas más.

El problema es que cuando tú vas a hablarlo con un adulto, lo único que hacen es minimizar nuestros problemas. Nos dicen que lo exageramos todo o que, simplemente, queremos atención.

En una parte sí,

queremos atención.

Pero no por eso quiere decir que nos lo estemos inventando todo.

Sino porque a veces necesitamos que nuestros «héroes» y «heroínas» nos presten atención.

Que nos vean como sus pequeños o pequeñas que necesitamos una fuente de apoyo de su parte.

Pero siempre es todo lo contrario. O lo típico de «siempre te vamos a apoyar, pase lo que pase». Pero a la primera que dices o haces algo que a ellos no les gusta, hacen lo imposible para que se note y que nos hagan sentir mal con nosotros mismos. O que al final de cada discusión te digan «es tu vida, haz lo que quieras con ella, PERO…».

Y ese es el verdadero problema: el fuego se tiene que combatir con fuego.

Sin embargo, en nuestro caso lo combatimos de las formas que ellos no quieren.

Es decir, ahogando nuestras penas en alcohol, consumiendo sustancias ilegales o haciéndonos daño física o psicológicamente. Pero, como todos los adultos dicen, «qué problemas vamos a tener nosotros los adolescentes».

Aquellos recuerdos de la infancia

Qué bonitos recuerdos aquellos de la infancia, donde tú y yo jugábamos y nos llevábamos bien.

Pero que fría es la adolescencia, donde parecemos dos extraños con un pasado conjunto casual.

Recuerdo lo que nos reíamos y cuando íbamos a comprar chuches después del colegio.

O las tardes en tu jardín montando en patinete.

Qué bonito apodo me pusiste, que conservo todavía a fecha de hoy.

Y qué gran paciencia tenías conmigo por todos los berrinches que me daban.

Pero ya no somos críos y la distancia afectó.

Ojalá pudiera volver a ser una niña por una tarde y escaparme a jugar sin ningún tipo de preocupación.

SU ESENCIA

—¡Qué bonita flor! Abuelo, ¿me la compras? —pregunta la niña.

—Claro, cielo, pero tienes que saber que una flor conlleva responsabilidades —responde este.

—Sí, abuelo, no te preocupes. Yo la cuidaré —responde la niña, emocionada.

Pero eso duró bien poco. La niña la cuidó por unos meses y después se olvidó de regarla, de ponerla al sol, y poco a poco la flor se fue muriendo. Pero la niña no comprendía la razón.

—Abuelo, ¿por qué mi flor se está muriendo, si la he cuidado hasta ahora? —pregunta la niña, desconcertada.

—Mi niña, no vale solo con cuidarla al principio. Si no lo haces constantemente, ella poco a poco morirá.

Y así fue. La flor se marchitó y murió. Y la niña nunca volvió a encontrar una flor igual que la primera que tuvo.

Puede que todas tengan la misma esencia, pero todas son diferentes en su forma. Y nunca hay ninguna igual.

El verdadero terror

A veces, lo mejor que puedes hacer es pasar del mundo que te rodea y centrarte solo en ti.

Porque el día que decidas mirar a tu alrededor sólo verás ruinas y terror.

Las personas son tan malvadas y egoístas que destruyen lo más bonito y puro que encuentran, sólo para satisfacer sus propios demonios.

COMO LA LUZ DE LA LUNA

Sus ojos brillaban como si fueran el reflejo de la luz de la luna, pero no eran a mí a quién miraban.

¿QUÉ ES EL AMOR?

—¿Qué es el amor? —preguntó una niña.

—Es la felicidad que tienes cuando estás con esa persona. Te sientes amada, especial, sientes que vale la pena vivir y esforzarte, y serías capaz de hacer cualquier cosa por ese amor —respondió el corazón.

Entonces, el cerebro le interrumpió y respondió apresurado:

—El amor es el don y la maldición de la vida. Un día eres la persona más feliz del mundo y al otro sólo deseas morirte con tal de acabar con tu dolor.

Y ahí la niña entendió que cada acto, deseo y pensamiento tiene sus terribles consecuencias. Y el amor, a veces, termina con el mínimo rayo de luz que te queda.

VALIENTES

—¿Cómo sabes cuándo será la última vez que verás a una persona? —pregunta el niño al sabio.

—Nunca —responde el sabio.

Ya que la vida es una escalera que sube y baja. Hoy estás bien y mañana puede que ni siquiera estés. Por eso es tan importante vivir la vida. La vida es sólo para valientes, no es para todo el mundo. La vida implica riesgos, y si no estás preparado para esos riesgos, entonces no llores cuando te venga una cosa peor a cambio.

¿FELICIDAD O TRISTEZA?

Un día la felicidad le preguntó a la tristeza:

—¿Por qué eres así?

Y la tristeza le preguntó a qué se refería.

—Así de distante, apagada, solitaria, sin energía…

Entonces, la tristeza respondió:

—Hubo un tiempo donde era feliz, tenía ese brillo en los ojos, abrazaba a todo el mundo, amaba a todos y a todas. Pero me arrebataron mi brillo, mi destello y me convirtieron en lo que soy ahora.

—Pero ¿sabes quién eres tú en realidad?

—Yo soy la felicidad —respondió.

—Tú eres la parte que me arrebataron y se la regalaron a otra persona. Tú eres lo que yo antes era, pero como no cumplía los estándares de la sociedad dejé de serlo. Por eso, tú eres la falsa realidad y yo soy la triste verdad.

Y prefiero seguir siendo así. Las personas que de verdad te quieren están en las buenas y en las malas. Pero, en tu caso, estarán sólo en las buenas, y cuando estés en apuros nadie volteará a verte.

Unión de sangre

Se supone que compartimos la misma sangre.
Pero seguimos siendo dos desconocidos.
Muchos hablan de ello como si fuera un pacto hecho
con el mismísimo diablo.

Pero ¿de qué coño sirve que tu corazón bombee la
misma sangre que tu ser amado, si ni siquiera le reco-
nocerías su cara o su voz?

Abre los ojos, sois unos extraños.
Quieras o no, la distancia, los años, la familia… afecta.
Y tanto que afecta.

¿QUÉ ES LA INFANCIA?

—¿Qué es la infancia? —preguntó el niño.

—La infancia es la época más bonita del mundo, o la peor de todas —respondió el anciano.

—¿Por qué? —volvió a preguntar el niño.

—Cada niño tiene diferente infancia y diferente pasado. Nunca habrá dos niños que tengan el mismo pasado y la misma infancia, ya que cada persona tiene diferentes emociones, sentimientos y pensamientos. Puede que haya niños que hayan tenido la infancia de lujo que tantos niños hubieran deseado tener algún día. O niños que apenas podían permitirse tener una barra de pan.

El anciano hizo una pausa y prosiguió:

—Nunca sabrás cuál fue el pasado de la persona que tienes a tu lado, porque no siempre es fácil hablar de ello. Hay mil historias diferentes, miles de recuerdos, de dolor, de felicidad. Pero ¿sabes qué es en realidad la infancia?

El niño, sin saber qué responder ante esto, dejó que el anciano siguiera su selección.

—La infancia no depende de cuánto dinero tuvieron tus padres, o si tuviste o no esa familia tradicional de los cuentos de hadas. No. La infancia es algo más abstracto que todo eso. La infancia es vivir como un niño o una niña. Es que te hayas divertido jugando en la lluvia, en la nieve o simplemente poder acurrucarte con esa persona u objeto y sentirte bien. La infancia es la etapa más bonita de la vida, ya que es la época donde los niños no entienden los problemas o el dolor y pueden seguir sonriendo, aunque parezca imposible. Pero, como todo lo bonito, nadie sabe valorarla. Todos queremos ser adultos; sin embargo, nadie se da cuenta de que sólo estaríamos en un mundo corrupto, odioso, machista, sexista, homofóbico, racista… Cuando, en realidad, en esa época no existen esos problemas, ya que el Gobierno aún no nos ha comido el cerebro. En esa época de nuestras vidas, por una vez podemos ser nosotros mismos sin que nos intenten censurar.

Esas fueron sus últimas palabras, ya que a los poderosos no les gusta la verdad.

Y fue ahí donde el niño vio con sus propios ojos que es eso el poder.

INDEFENSOS

Una palabra.
Un gesto.
Una mirada.

Todo eso afecta y mucho más.
Somos unos niños sin escudo y protección.
Y cuando vienen las malas palabras, de ahí no salimos
ilesos.
Somos niños en cuerpos de adultos, de ancianos, de
adolescentes…
Pero cuando las malas palabras llegan, todos somos
los bebés indefensos que en algún momento fuimos.

¿CUÁL ES NUESTRO PEOR ENEMIGO?

—¿Cuál es el peor enemigo? —preguntó el niño.

—Tu peor enemigo es tu propia mente, tus propios pensamientos, traumas, promesas… —respondió el corazón.

—¿Y por qué? —volvió a preguntar nuevamente el niño.

Y el corazón procedió a responder:

—¿Sabes qué pasa cuando te enfadas con la persona que más quieres?

El niño se quedó callado, sin entender la pregunta.

Entonces, el corazón prosiguió: —Dejas de hablar con el corazón y lo haces con el cerebro y ese es tu mayor enemigo, ya que él sabe todo lo que has vivido, sabe tus miedos, preocupaciones, deseos… Por eso, cuando uno se enfada, dice cosas de las que después estará plenamente arrepentido, porque no habló desde el corazón, sino que lo hizo con su arma más mortífera y espeluznante de todas.

Entonces, el niño entendió que hay veces que, aunque quieras demasiado a una persona, nunca podrás decirle que no le harás daño, porque ese es el ciclo de la vida, por así decirlo. Porque no puedes prometer no hacerle nunca daño a una persona si no has conseguido esa promesa contigo mismo.

¿QUÉ ES UN BUEN CONSEJO?

—¿Qué es un buen consejo? —preguntó el ratón.

Y la serpiente respondió: —Los buenos consejos son los que te salvan de una mala jugada, un momento incómodo o hasta de una muerte trágica.

Entonces, el ratón volvió a preguntar: —Querida serpiente, ¿y cuándo sabré cuándo alguien me da un mal consejo?

—Cuando te des cuenta de que podrías haber elegido otro camino con otras decisiones en tu vida.

—Esta hizo una pausa y prosiguió—:

Por ejemplo, no quedarte cerca de tu presa tanto tiempo, sin estar preparado para contratacar —concluyó la serpiente después de terminar su festín.

La hipocresía

¿Dolor?

¿Traición?

¿Alguna vez os habéis parado a pensar cómo es, en realidad, la vida?

Nunca es blanco o negro para nadie.

De hecho, todos somos los malos en una historia mal contada o, simplemente, vista desde una sola perspectiva.

Ya que, al fin y al cabo, nosotros sólo vemos lo que nos pasa a nosotros. O sacamos las cosas fuera de contexto.

La pregunta es cuántas veces estuvimos culpando a alguien de cosas que nosotros también hacíamos. Sin embargo, estábamos tan pendientes de lo nuestro, que no existía nada más.

Eso es.

Nunca, o casi nunca.

Solamente vemos lo que de verdad queremos ver,

porque tenemos miedo.

Miedo a darnos cuenta de que no somos los buenos de la historia.

Porque, para ser sinceros, nadie es el bueno de la historia.

Ni siquiera en su propio mundo.

Nos es más fácil mirar hacia otra parte y echar la culpa de nuestros problemas a los demás. Y no importa si es la persona que más amamos.

La verdad es que es ahí cuando menos nos importa.

Porque no queremos ser los causantes de esos daños.

Así que preferimos no verlo, pero siempre sale a la luz, tarde o temprano.

Y creedme cuando os digo que en ese momento moveríais cielo, tierra y mundo por esa persona.

Para tenerla otra vez a vuestro lado.

Y no tiene por qué ser en plan romántico.

Podemos querer eso de una familiar, un amigo, una amiga...

Pero ahí ya será muy tarde.

Al fin y al cabo, cuando la persona está a nuestro lado, no la valoramos, y cuando se va ahí era lo mejor del mundo.

Menudos hipócritas los seres humanos.

La derrota

—¿Qué es la derrota? —preguntó el fanático.

—Es caerse y no volver a levantarse —respondió el campeón.